MW01268851

Expense Tracker

Belongs To: ....

For: ....

Personal Expense Tracker

Month: **Year:**

Date:	Description Of Expense:	Payment Type:	Amount:

Personal Expense Tracker

Month: **Year:**

Date:	Description Of Expense:	Payment Type:	Amount:

Personal Expense Tracker

Month: **Year:**

Date:	Description Of Expense:	Payment Type:	Amount:

Personal Expense Tracker

Month: **Year:**

Date:	Description Of Expense:	Payment Type:	Amount:

Personal Expense Tracker

Month: **Year:**

Date:	Description Of Expense:	Payment Type:	Amount:

Personal Expense Tracker

Month: Year:

Date:	Description Of Expense:	Payment Type:	Amount:

Personal Expense Tracker

Month: **Year:**

Date:	Description Of Expense:	Payment Type:	Amount:

Personal Expense Tracker

Month:			Year:
Date:	**Description Of Expense:**	**Payment Type:**	**Amount:**

Personal Expense Tracker

Month: **Year:**

Date:	Description Of Expense:	Payment Type:	Amount:

Personal Expense Tracker

Month:			Year:
Date:	**Description Of Expense:**	**Payment Type:**	**Amount:**

Personal Expense Tracker

Month: **Year:**

Date:	Description Of Expense:	Payment Type:	Amount:

Personal Expense Tracker

Month: | Year:

Date:	Description Of Expense:	Payment Type:	Amount:

Personal Expense Tracker

Month: **Year:**

Date:	Description Of Expense:	Payment Type:	Amount:

Personal Expense Tracker

Month:			Year:
Date:	**Description Of Expense:**	**Payment Type:**	**Amount:**

Personal Expense Tracker

Month: **Year:**

Date:	Description Of Expense:	Payment Type:	Amount:

Personal Expense Tracker

Month: **Year:**

Date:	Description Of Expense:	Payment Type:	Amount:

Personal Expense Tracker

Month: **Year:**

Date:	Description Of Expense:	Payment Type:	Amount:

Personal Expense Tracker

Month: **Year:**

Date:	Description Of Expense:	Payment Type:	Amount:

Personal Expense Tracker

Month: **Year:**

Date:	Description Of Expense:	Payment Type:	Amount:

Personal Expense Tracker

Month: **Year:**

Date:	Description Of Expense:	Payment Type:	Amount:

Personal Expense Tracker

Month: **Year:**

Date:	Description Of Expense:	Payment Type:	Amount:

Personal Expense Tracker

Month:			Year:

Date:	Description Of Expense:	Payment Type:	Amount:

Personal Expense Tracker

Month: **Year:**

Date:	Description Of Expense:	Payment Type:	Amount:

Personal Expense Tracker

Month: Year:

Date:	Description Of Expense:	Payment Type:	Amount:

Personal Expense Tracker

Month: **Year:**

Date:	Description Of Expense:	Payment Type:	Amount:

Personal Expense Tracker

Month: **Year:**

Date:	Description Of Expense:	Payment Type:	Amount:

Personal Expense Tracker

Month: **Year:**

Date:	Description Of Expense:	Payment Type:	Amount:

Personal Expense Tracker

Month: **Year:**

Date:	Description Of Expense:	Payment Type:	Amount:

Personal Expense Tracker

Month: **Year:**

Date:	Description Of Expense:	Payment Type:	Amount:

Personal Expense Tracker

Month: Year:

Date:	Description Of Expense:	Payment Type:	Amount:

Personal Expense Tracker

Month: **Year:**

Date:	Description Of Expense:	Payment Type:	Amount:

Personal Expense Tracker

Month: **Year:**

Date:	Description Of Expense:	Payment Type:	Amount:

Personal Expense Tracker

Month:			Year:
Date:	**Description Of Expense:**	**Payment Type:**	**Amount:**

Personal Expense Tracker

Month:			Year:
Date:	**Description Of Expense:**	**Payment Type:**	**Amount:**

Personal Expense Tracker

Month: **Year:**

Date:	Description Of Expense:	Payment Type:	Amount:

Personal Expense Tracker

Month:			Year:
Date:	**Description Of Expense:**	**Payment Type:**	**Amount:**

Personal Expense Tracker

Month: **Year:**

Date:	Description Of Expense:	Payment Type:	Amount:

Personal Expense Tracker

Month: **Year:**

Date:	Description Of Expense:	Payment Type:	Amount:

Personal Expense Tracker

Month: **Year:**

Date:	Description Of Expense:	Payment Type:	Amount:

Personal Expense Tracker

Month: **Year:**

Date:	Description Of Expense:	Payment Type:	Amount:

Personal Expense Tracker

Month: **Year:**

Date:	Description Of Expense:	Payment Type:	Amount:

Personal Expense Tracker

Month:			Year:
Date:	Description Of Expense:	Payment Type:	Amount:

Personal Expense Tracker

Month: **Year:**

Date:	Description Of Expense:	Payment Type:	Amount:

Personal Expense Tracker

Month: **Year:**

Date:	Description Of Expense:	Payment Type:	Amount:

Personal Expense Tracker

Month:			Year:
Date:	**Description Of Expense:**	**Payment Type:**	**Amount:**

Personal Expense Tracker

Month:			Year:
Date:	**Description Of Expense:**	**Payment Type:**	**Amount:**

Personal Expense Tracker

Month: **Year:**

Date:	Description Of Expense:	Payment Type:	Amount:

Personal Expense Tracker

Month:			Year:
Date:	**Description Of Expense:**	**Payment Type:**	**Amount:**

Personal Expense Tracker

Month: **Year:**

Date:	Description Of Expense:	Payment Type:	Amount:

Personal Expense Tracker

Month: | **Year:**

Date:	Description Of Expense:	Payment Type:	Amount:

Personal Expense Tracker

Month: **Year:**

Date:	Description Of Expense:	Payment Type:	Amount:

Personal Expense Tracker

Month: **Year:**

Date:	Description Of Expense:	Payment Type:	Amount:

Personal Expense Tracker

Month: **Year:**

Date:	Description Of Expense:	Payment Type:	Amount:

Personal Expense Tracker

Month: | Year:

Date:	Description Of Expense:	Payment Type:	Amount:

Personal Expense Tracker

Month: **Year:**

Date:	Description Of Expense:	Payment Type:	Amount:

Personal Expense Tracker

Month: **Year:**

Date:	Description Of Expense:	Payment Type:	Amount:

Personal Expense Tracker

Month:			Year:
Date:	**Description Of Expense:**	**Payment Type:**	**Amount:**

Personal Expense Tracker

Month: **Year:**

Date:	Description Of Expense:	Payment Type:	Amount:

Personal Expense Tracker

Month:			Year:
Date:	**Description Of Expense:**	**Payment Type:**	**Amount:**

Personal Expense Tracker

Month: Year:

Date:	Description Of Expense:	Payment Type:	Amount:

Personal Expense Tracker

Month: **Year:**

Date:	Description Of Expense:	Payment Type:	Amount:

Personal Expense Tracker

Month: **Year:**

Date:	Description Of Expense:	Payment Type:	Amount:

Personal Expense Tracker

Month: **Year:**

Date:	Description Of Expense:	Payment Type:	Amount:

Personal Expense Tracker

Month:			Year:
Date:	**Description Of Expense:**	**Payment Type:**	**Amount:**

Personal Expense Tracker

Month:			Year:
Date:	**Description Of Expense:**	**Payment Type:**	**Amount:**

Personal Expense Tracker

Month: **Year:**

Date:	Description Of Expense:	Payment Type:	Amount:

Personal Expense Tracker

Month: **Year:**

Date:	Description Of Expense:	Payment Type:	Amount.

Personal Expense Tracker

Month:			Year:
Date:	**Description Of Expense:**	**Payment Type:**	**Amount:**

Personal Expense Tracker

Month: **Year:**

Date:	Description Of Expense:	Payment Type:	Amount:

Personal Expense Tracker

Month: **Year:**

Date:	Description Of Expense:	Payment Type:	Amount:

Personal Expense Tracker

Month:			Year:
Date:	**Description Of Expense:**	**Payment Type:**	**Amount:**

Personal Expense Tracker

Month:	Year:

Date:	Description Of Expense:	Payment Type:	Amount:

Personal Expense Tracker

Month:			Year:
Date:	**Description Of Expense:**	**Payment Type:**	**Amount:**

Personal Expense Tracker

Month: Year:

Date:	Description Of Expense:	Payment Type:	Amount:

Personal Expense Tracker

Month:			Year:
Date:	**Description Of Expense:**	**Payment Type:**	**Amount:**

Personal Expense Tracker

Month:			Year:
Date:	**Description Of Expense:**	**Payment Type:**	**Amount:**

Personal Expense Tracker

Month: **Year:**

Date:	Description Of Expense:	Payment Type:	Amount:

Personal Expense Tracker

Month:			Year:
Date:	**Description Of Expense:**	**Payment Type:**	**Amount:**

Personal Expense Tracker

Month:			Year:
Date:	**Description Of Expense:**	**Payment Type:**	**Amount**

Personal Expense Tracker

Month: **Year:**

Date:	Description Of Expense:	Payment Type:	Amount:

Personal Expense Tracker

Month: **Year:**

Date:	Description Of Expense:	Payment Type:	Amount:

Personal Expense Tracker

Month: | **Year:**

Date:	Description Of Expense:	Payment Type:	Amount:

Personal Expense Tracker

Month: **Year:**

Date:	Description Of Expense:	Payment Type:	Amount:

Personal Expense Tracker

onth: Year:

Date:	Description Of Expense:	Payment Type:	Amount:

Personal Expense Tracker

Month: **Year:**

Date:	Description Of Expense:	Payment Type:	Amount:

Personal Expense Tracker

Month: **Year:**

Date:	Description Of Expense:	Payment Type:	Amount:

Personal Expense Tracker

Month: **Year:**

Date:	Description Of Expense:	Payment Type:	Amount:

Personal Expense Tracker

Month: **Year:**

Date:	Description Of Expense:	Payment Type:	Amount:

Personal Expense Tracker

Month:			Year:
Date:	**Description Of Expense:**	**Payment Type:**	**Amount:**

Personal Expense Tracker

onth: Year:

Date:	Description Of Expense:	Payment Type:	Amount:

Personal Expense Tracker

Month: **Year:**

Date:	Description Of Expense:	Payment Type:	Amount

Personal Expense Tracker

Month: **Year:**

Date:	Description Of Expense:	Payment Type:	Amount:

Personal Expense Tracker

Month:			Year:
Date:	**Description Of Expense:**	**Payment Type:**	**Amount:**

Personal Expense Tracker

Month: **Year:**

Date:	Description Of Expense:	Payment Type:	Amount:

Personal Expense Tracker

Month:			Year:
Date:	**Description Of Expense:**	**Payment Type:**	**Amount:**

Personal Expense Tracker

Month:	Year:

Date:	Description Of Expense:	Payment Type:	Amount:

Personal Expense Tracker

Month: **Year:**

Date:	Description Of Expense:	Payment Type:	Amount

Personal Expense Tracker

Month:			Year:
Date:	**Description Of Expense:**	**Payment Type:**	**Amount:**

Personal Expense Tracker

Month: **Year:**

Date:	Description Of Expense:	Payment Type:	Amount:

Personal Expense Tracker

Month:			Year:
Date:	**Description Of Expense:**	**Payment Type:**	**Amount:**

Made in the USA
Las Vegas, NV
07 August 2022

52842275R00056